Fabeln und Tiergedichte

Einst sprach ein Mensch im Fieberwahn:
„Macht euch die Erde untertan".
Seither verprasst der Mensch doch stur
Reichtum und Vielfalt der Natur.
Nur schade, dass er meist vergisst,
dass er ein Teil derselben ist.

Jürgen Lehlbach

Fabeln Und Tiergedichte

Jürgen Lehlbach/Kulturfluss
Bibliografische Information der Deutschen Nationalbiblio-
thek:
Die Deutsche Nationalbibliothek verzeichnet diese Publika-
tion in der Deutschen Nationalbibliografie; detaillierte bib-
liografische Daten sind im Internet über http://dnb.dnb.de
abrufbar.

Herstellung und Verlag: BoD – Books on Demand, Nor-
derstedt

ISBN: 978-3-8482-2094-6

Das vorliegende Bändchen beinhaltet eine Auswahl von Fabeln und Tiergedichten, die in den letzten Jahren entstanden sind. Einige Anregungen verdankt der Autor seiner Beschäftigung mit der kosmopolitischen und Jahrtausende alten Tradition der Fabeldichtung von Äsop, über Ibn al-Muqaffa´ bis hin zu La Fontaine und Lessing, von denen er einige Fabeln aufgegriffen hat, um sie neu zu verdichten.

Andere Ideen entstammen der Auseinandersetzung mit aktuellen Themen, Alltagssituationen oder Presseberichten. In jedem Falle ist die Pointe der Fabeln und Tiergedichte unserem Zeitgeist angemessen und beabsichtigt durchaus eine Um(be)wertung der Sichtweise auf tierische Tugenden und tugendhafte Tiere.

Als Anhänger der satirischen und Nonsense-Dichtung lässt der Autor auch den Humor nicht verhungern, was bei der Rezitation der durchweg leicht vorlesbaren Gedichte die erwünschten Publikumsreaktionen auslöst.
In diesem Sinne wünscht Ihnen viel Spaß beim Lesen oder gar Vorlesen

Jürgen Lehlbach, Traben-Trarbach, 1.12.2012

Inhaltsverzeichnis

Zebrastreifen

Das Bra wurde einst erschaffen,
nebst Antilopen und Menschenaffen.
Mit weißem Fell stampfte Bra
durch die Savanne von Afrika.

Doch Zeus geriet ein Missgeschick,
denn Bra fühlte sich viel zu dick.
Was Bra keineswegs behagte,
weshalb es in der Savanne klagte.

Bras Gejammer Zeus erreichte
und sein großes Herz erweichte,
ließ ihn gleich zum Pinsel greifen
- und so entstanden Zebrastreifen.

Denn durch Streifen wirken, Zeus sei Dank,
seither auch Zebras ziemlich schlank.

Das Kamel und der Stier
(nach einer Idee von Äsop)

Nachdem erschaffen das Getier,
traf das Kamel auf einen Stier.
Es konnte sich noch nicht recht leiden,
tat den Stier um die Hörner dann beneiden.

Und hatte doch sogleich die Stirn
zu fragen „Was trägst du auf dem Hirn?"
„Zwei Hörner hab ich welch ein Segen,
zur Verteidigung, spitz wie Degen."

„Die will ich auch, Dir gebührt Gotteslohn,
ich erhebe nun Schöpfungsreklamation"!
Doch ist die Wüste, wie man weiß,
nicht nur im Sommer ziemlich heiß.

Und da Kamele ziemlich trocken,
meist nur in der Sahara hocken,
ist ihr Gedächtnis knapp bemessen,
wie Sand, so rieselt das Vergessen.

Da das Kamel vor Zeus nun stand,
sein Wunsch hier kaum noch Worte fand.
„Ich möchte auch zwei Hö...Hö....Hö..."
-   und Götter sagen selten Nö.

Obwohl die Götter erst laut lachten,
sie es mit zwei Höckern dann bedachten.
Die trägt es stolz auf seinem Rücken,
auch um Beduinen zu verzücken.

Goldbachtal-Waldmusik

Im Goldbachtal, im Wiesengrund
sang die Nachtigall zur Abendstund
  ein Frühlingslied

**...Sie trällerte sehr schön und so ein Gesang
wirkt ja bekanntlich ansteckend**

Der Rabe krächzt, wippt mit dem Fuß,
denn er fühlt noch seinen Winterblues

Die Drossel trällert lebensfroh
Primavera im Allegeroh

Die wilde Sau ist nicht verstockt,
weshalb sie jetzt ganz einfach rockt

Der Specht braucht einen Takt, er greift zum Stock
und klopft nun ständig Tok, Tok, Tok

Der Grille gefällt die Melodie,
sie swingt dazu: Jazz oder nie!

Schneckenkrieg

Aufs Frühjahr musst er lange warten.
Jetzt bestellt Franz Meier seinen Garten.
Lockert mit Sorgfalt Beet für Beet,
worauf er Pflanzensamen sät.

Bestreut es sanft mit frischer Erde,
begießts mit Wasser, dass es werde.
Im Mai, da auch die Blumen blühn,
da sprießt es schon, das erste Grün.

Kerbel, Möhrchen, „welch ein Segen",
denkt er froh, es fällt auch Regen.
Doch Herrjeh, am nächsten Morgen -
Da wachsen auch Herr Meiers Sorgen.

Denn abgefressen Blatt für Blatt
wurden hier die Schnecken satt.
Keiner weiß, wie viel es waren,
sie fielen ein wie die Tartaren.

Und was Meier einst gesät,
sieht jetzt aus wie abgemäht.
Er flucht „Ihr nackten Schnecken
Sollt an Eurer Gier verrecken"!

Franz Meier droht „für solch Getier,
opfere ich gar mein kostbar Bier.
Denn die Schnecken kriechen alle
In des Bieres süße Falle."

Doch wie Meier sich da irrt,
denn er wird zum Schneckenwirt.
Und erkennt sodann betroffen,
die Schnecken leben, sind besoffen.

Und blieben seinem Garten treu,
denn da gibts Tapas zum Gebräu.

Meier verfällt dem düstren Wahn,
meint die Schnecken seien Taliban.
Will führen nun den Schneckenkrieg,
erringen einen großen Sieg.

Er beschafft Gift aus Chemikalien,
eingesprüht werden Naturalien,
streut in seinem heiligen Zorn
selbst Rattengift zum Schneckenkorn.

Umwickelt seinen Kopfsalat
mit Elektrozaun und Natodraht.
Will nur noch seinem Kriegsziel dienen
mit Schneckensperren und auch Minen.

Zwar blieben jetzt durch diesen Dreck
tatsächlich auch die Schnecken weg.
Doch nimmt, wie wir jetzt leicht erraten,
Am Ende auch Herr Meier Schaden.

Lob der Langsamkeit

Einst begab sich Schnecke Henriette aus Mülheim
an der Ruhr
auf eine Ausflugstour.
Wobei sie in der Nähe des Gartenzauns – weiter kam
sie noch nicht –
Gevatter Igel trifft, der zu ihr spricht:
„Nur voran, werte Base!
In dieser Richtung liegt die Straße,
die zu überqueren lohnt. Denn noch ein wenig weiter
sprießt Salat und duften Kräuter!"

Die Schnecke dankt für jenen Rat,
erblickt ein Ziel und kriecht zur Tat.
Sie hat bereits nach drei, vier Stunden
den Gartenzaun überwunden,
keucht jetzt zur Straße, ist schon matt
und sieht den Igel, der dort platt
auf der Fahrbahn liegt.
„Da hat wieder mal die Geschwindigkeit gesiegt",
denkt sie, macht kehrt und singt von Zeit zu Zeit
ein Loblied auf die Langsamkeit.

Die Deutsche Schnecke

Eine Schnecke aus deutschem Schneckenhaus
wollte in die Welt hinaus.
Genauer: Sie wollte über Berlin nach Wien,
um dann noch in Paris durch den
Arc de Triomphe zu ziehn.
Mit viel Elan kriechend machte sie sich auf die Reise;
wobei sie nach zwei Zentimetern schon keuchte
und ihr deuchte,
dass sie mit dieser Fortbewegungsweise
etwa 3000 Jahre bräuchte.

Das war zu viel selbst für diese Schnecke.
Sie kehrte um an ihres Hauses nächster Ecke.

Schneckenrennen

Ich bin die Schnecke Clodewig aus der Gascogne,
komme aus edlem Rennschneckengestüt.
Mein Rennschneckentrainer ist Monsieur Vitesogne,
der züchtete erst mein heiß Geblüt.
Einst lockte er mich mit feinen Salaten und Kräutern –
ihr Duft zog ein, in mein Schneckenhaus.
Hier ist es gemütlich, wie soll ich's denn erläutern?
Ich überlegte sehr lang: „Bleib ich drin? Soll ich raus?
Bleib ich drin? Soll ich raus?",
und streckte erst mal ganz vorsichtig die Fühler aus.
Dann sah ich das knackige Salatblatt
in kurzer Entfernung, kroch los … und erreichte
es glatt
in einer Stunde. Mann, was war ich dann aber satt!
Danach gab es noch eine Steigerung
von zehn Zentimetern. Das brachte mein Blut in
Wallung:
Drei Stunden und 19 Minuten war meine Zeit,
dann das erste Schneckenrennen in Dijon – die
Gelegenheit,
mich zu bewähren. Meine Gegner zu dieser Stund:
Jean-Pierre aus Burgund,
Henriette aus Brabant
und Michael aus Deutscheland.
Die Salatblätter waren auf des Tisches Rund
in großer Distanz von 15 Zentimetern ausgelegt
(für euch mag das klingen wie ein Hohn,
für mich ist das ein Marathon),
ich war sehr, sehr aufgeregt.
Michael aus Deutschland war voll austrainiert,

hat aus der Pole-Position heraus wie wild auf den
 Salat gestiert.

Jean-Pierre ist bekanntlich ein Sprinter
und hat im vergangenen Winter
erst im Elsass ein Höhentraining absolviert
und nach eineinhalb Stunden (mit fünf Millimetern)
auch das Rennen angeführt.
Zum Glück verzog er sich dann zum Mittagsschlaf
in sein Schneckenhaus,
schlief fest ein, war dann praktisch aus dem
Rennen raus,
währenddessen ich fast immer wach blieb
und das Publikum mich antrieb.
Ich war nach drei Stunden total platt,
wachte aber wieder auf, dachte nur an das
Salatblatt …
das Blatt, das Blatt, das Blatt …
und gewann das Rennen. Mann wurde ich
dann aber satt!

Blind-Schleich

Ein Reptil, genauer eine Schleich,
schlich durch Nieder- oder Oberösterreich
auf der Suche nach ihrer Base
orientierungslos entlang der Straße.

Sie betete, „dass ich das Ziel noch find,
denn ich arme Schleich bin völlig blind".
Was einen *Seh-Hund* so sehr rührte,
dass er die Blindschleiche zur Tante führte.

Lob der Beharrlichkeit

Ein alter Wurm,
der in der dunklen Erde lebt,
übersteht den Sturm,
der droben bebt
und all das zerfetzt,
was mühsam aufgebaut.
Auch wenn er sonst sich wenig traut,
bleibt er in seinem Loch doch unverletzt.

Er denkt: Nach dem Orkan kommt auch noch
                              meine   Zeit.
Es wächst das Grün, ein Lob sei der Beharrlichkeit.

Lob der Gelassenheit

Ein alter Kater, der das Leben kannte,
dachte an die Zeit, da noch der Ehrgeiz brannte:
Man jagt die Maus,
kämpft um sein Revier,
schreibt ein Brevier,
füttert eine jede Laus,
macht so manchem Vogel den Garaus
und den hübschen Katzen den Galan,
faucht dann noch die Hunde an.

Man jagt, man kämpft, man hetzt, man rennt
Zum nächsten Ziel, da man im Alter erst erkennt,
wenn man mit stumpfen Krallen auf dem Sofa liegt,
wie leicht das Leben wiegt.
So gibt das Alter uns die Zeit,
zu loben die Gelassenheit.

Zehn Kamelthesen

1. Es gibt keine dummen Kamele, aber durchaus dumme Menschen
2. Ein Kamel passt durch kein Nadelöhr
3. Ein Kamel spekuliert nicht
4. Eine Kamel verkraftet eine größere Durststrecke als eine Bank
5. Ein Kamel beutet kein anderes Kamel aus
6. Ein Kamel ist belastbarer als ein Politiker
7. Ein Kamel ist genügsam
8. Ein Kamel ist nicht besonders eitel
9. Ein Kamel würde keinen Menschen beleidigen
10. Ein Kamel verbraucht nur Wasser und Nahrung und kein Öl

Lob des Kamels

Als blutrünstig gilt noch immer die Hyäne,
ja und der Haifisch, der hat Zähne.
Der Mensch, der ist des Menschen Wolf

Und ist er reich
Und spielt er Golf
Und ist er auch von Adel.

Nur das Kamel
Bleibt ohne Fehl
Und Tadel.

Das Kamel und der Löwe
(nach Ibn al- Muqaffa`)

Ein Kamel irrte abseits von seinem Pfad
In einem Wald, dort traf es König Leu.
Der empfahl seinen Schutz und gab zum Bleiben
ihm den Rat.
Das Kamel nahm an und versicherte seine Treu`.

Der Löwe hatte des Jagdgeschickes Gabe
Und versorgte königlich Schakal, Wolf und Rabe.
Doch einst wurde er vom Elefanten schwer besiegt,
weshalb er nun verwundet auf dem Lager liegt.

Da nun ausblieb der Löwenjagd fette Beute,
begann der Hader in des Königs hungriger Meute.
Die zu Schmarotzern verkommen, wie man so sagt,
selbst verwöhnt und unfähig zur eigenen Jagd.

„Opfere doch das Kamel," ließen die Drei verschlagen
vom Raben ihre Majestät befragen.
Des Königs Antwort fiel aus voll Stolz und Trutz:
„Kommt nicht in Frage, es steht unter meinem
 Schutz"!

Die drei Kumpanen fluchten darauf „Mist"
und ersannen eine ganz gemeine List.
Sie schmiedeten um sich aus der Not zu befreien
Übles Komplott gegen das Kamel zu Dreien.

Sodann schlich die Dreierbande zu ihrem Herrn.
Der Rabe krächzt: „Friss mich, ich opfere mich gern."
„Der Rabe ist für einen Löwenfraß zu klein,
du wirst so nicht satt", wandten die anderen ein.

„So opfere ich mich", sprach jetzt der Schakal,
„als rettende Mahlzeit bin ich ideal".
„Aber Schakalfleisch ist alles andere als rein"
fielen schnell seine Kumpanen ein.

Jetzt sprach der Wolf „mein eigenes Leben
Würde auch ich gerne für das des Königs geben".
Da sprachen die andern „dem Wolf sei Dank,
doch vom Verzehr seines Fleisches werdet ihr krank."

Es war die Reihe am Kamel, dessen Edelmut wir
 hier preisen:
„So mögt ihr und Eure Diener gerne mich
verspeisen."
Kein Einwand mehr - und kaum waren die Worte
verklungen,
wurde es zerrissen und gierig verschlungen.

Lob der Esel

Sag mir:
Wer will des Nächsten Lasten tragen?
Wer wagt es auch mal Nein zu sagen?

Wer trägt Dich über einen steilen Pfad?
Wer verweigert dann ein Rosenwasserbad?

Wer gilt als Vorbild noch der Jugend?
Wer wird gerühmt für seine Tugend?

Wer blieb dem Sancho in Gefahren treu?
Wer begnügt sich noch mit Haferstreu?

Wer ist dies Vorbild auf das hinauf ich schaue?
Es ist der Esel hier, der Graue!

Dialog mit Lessing

Ja, Ja, so ein Ei ausbrüten
ist schon so eine spezielle Sache.
Da braucht man viel Geduld und Spucke.

Man baut erst mal ein warmes Nest
hoch oben in der Luft, wo es eben sicher ist
für sich und den Nachwuchs.

Dann brütet man und brütet....

Der Adler beispielsweise
benötigt dafür dreißig Tage.
Dafür haben die Viecher dann auch verdammt
scharfe Augen.

Es gibt es ja die Geschichte von dem armen Raben.
Der beobachtete den Adler bei der Brut.
Und dachte „ich bleib jetzt auch mal dreißig Tage
auf den Eiern hocken.
Mal sehen, was dabei rauskommt,
...man weiß ja nie genau, was dabei rauskommt."

Naja, dann doch wieder nur ein Rabenküken
ausgeschlüpft, klein, schwarz und hässlich.

Da brütet man und brütet - und weiß doch nicht
genau, was dabei rauskommt.

Aber mal ehrlich Gotthold, wir haben doch alle schon
mal Raben ausgebrütet,
uns auch mal ein faules Ei ins eigene Nest gesetzt
und hinterher wurde es auch nicht immer eine
Nachtigall, sondern ein Kuckuck,
zum Kuckuck!

Der Pfau und der Rabe

Der Pfau stolzierte gravitätisch
Sein Gang wirkte majestätisch.
Ein Rabe beobachtete ganz genau,
„das lern ich auch", dacht´ er schlau.

„Dann lass ich mich auch mal bekieken
auf den Boulevards und in Boutiquen.
Beim Flanieren mit so einem Gang,
erreich ich gar nen Adelsrang."

Er beließ es nicht beim Einfall sein,
übte den Pfauengang tagaus, tagein
- Vergebliche Müh, es wollt nicht gelingen,
die Übung auf den Laufsteg zu bringen.

So sehr er sich mühte, sein Gang wirkte tapsig,
das Spreizen des Gefieders ebenso flapsig.
Und versagt Dir eben die Natur eine Gabe,
so nimm es hin – anders als der Rabe.

Der Hahn

In manchem Mann steckt auch ein Hahn,
erscheint er sonst auch bieder,
heimlich spreizt er sein Gefieder,
verfällt dem großen Gockelwahn.

Scharrend steht er auf dem Mist,
schwadroniert wie toll er ist,
oder wenigstens wie toll er war
als noch voll und kraus sein Haar.

„Die Hennen lagen vor mir auf den Knien"
hat er voll Inbrunst dann heraus geschrien,
„um es offen zu bekennen,
sie alle wollten mit mir pennen".

Schweige besser, selbst wenn es so ist,
denn nur ein Gockel kräht auf dem Mist.

Der Affe und die Schildkröte
(nach al-Ibn Muquaffa`)

Ein alter Affe fand am Ufer einen Feigenbaum,
dort machte er sich behaglich breit,
köstliche Früchte erfüllten seine Zeit –
Das alte Affenleben glich einem prallen Traum.

Voll Übermut ließ er die Früchte fallen,
oder warf sie in den nahen Fluss.
Einer Schildkröte zum Gefallen,
denn auch diese aß sie mit Genuss.

Die Schildkröte empfand bald große Dankbarkeit
und bot dem Affen ihre Freundschaft an.
Der Rückweg zur ihrer Insel war schon sehr weit
und auch den alten Affen plagte Einsamkeit.

Doch dann brachte ein Götterbote schlechte Kunde:
Der Schidkröt´ Gemahlin war schwer erkrankt,
schon bald schlüge ihre letzte Stunde,
es sei, dass sie einem Affenherz das Überleben
                                        dankt.

Die Schildkröte traf ein tiefer Schmerz,
sie klagte „Überleben nur mit des Freundes Herz?
So verlangen die Götter von mir grausame Taten,
für das Leben der Gemahlin den Freund zu verraten!"

Am nächsten Morgen schritt sie zur frevelhaften Tat
und versprach dem Freunde mit falschem Entzücken
mit ihm zur Heimatinsel zu schwimmen auf ihrem
 Rücken.
Sollte so aufgehen die grausame Saat?

Weshalb der alte Affe sein Paradies
auf dem Rücken der Schildkröte nunmehr verlies,
mag wohl der Freundschaft geschuldet sein,
die zum Leichtsinn verführt wie manches Mal
 auch Wein.

Doch auf dem Wasser befiel ihn alsbald tiefe Reue,
er bemerkte, dass die Schildkröte statt dass sie sich
freue,
tief betrübt war, geplagt von ihrem schlechten
Gewissen,
-    er saß in der die Falle, am liebsten hätte er sie
gebissen.

Doch stattdessen fand der kluge Affen Rat,
befragte sie nach ihrem Trübsal und sie gestand
die Tat.
Er sprach: „Als Freund verstehe ich deinen Schmerz,
Wie gerne gäbe ich dafür mein Affenherz.

Doch um es zu verschenken, müssen wir zurück,
denn ich habe mein Herz als wertvollstes Stück,
aufgehangen in des Feigenbaums Krone,
ich hole es herunter, deiner Freundschaft zum
Lohne."

Die Schildkröte war erleichtert und voller Dankbarkeit,
schnell schwamm sie zurück, verlor keine Zeit.
So kehrte der Affe zurück zu seinem Paradies,
das er Zeit seines Lebens nie wieder verlies.

Der stolze Pfau

In Petersburg vor der Eremitage
schlägt der stolze Pfau ein Rad zur Schau.
Er erwartet große Gage.
Der Pfau steht so zwei Tage da,
vor Hunger knurrt ihm der Magen,
und hofft: „Kommt erst der große Zar,
werd ich schon nicht mehr darben."
(Ringsherum picken hungrige Tauben
den Abfall vom Boden.
Der Pfau sieht es mit gierigen Augen,
doch sein Stolz hat ihm derlei verboten.)

Am vierten Tag starb der Pfau vor der Eremitage.
Sein Federkleid hat weggekehrt Igor, des Zaren
Page.

Wiesbadener Papageien

Ich erzähle keine Märchen:
In Wiesbaden siehst Du Papageienpärchen
in den Wipfeln von Bäumen.
Du wähnst dich in Träumen.

Zunächst lebten die Papageien
zu Fünft im Freien,
paarten sich dann sausend,
sind schon mehr als tausend.

Einst nahm die Halsbandsittiche
ein Zoogeschäft unter seine Fittiche.
Wo sie sich alsbald besonnen
der Gefangenschaft entronnen.

Im Stadtpark, wo sie wohnen
thronen sie in der Bäume Kronen.
Verweilen hier, gelassen und stur,
wie Wiesbadens Gäste in der Kur.

Und Unten, da staunen Omas,
wähnen sich am Amazonas.
Wie der Mensch, so auch der Papagei:
Am liebsten lebt er frei!

Der philosophische Pudel

Pudel Wilhelm erhielt Einzelunterricht
in einer Hundeschule, wo gefördert
wurden jene guten Sitten, an denen es so
manchem Köter gebricht.
Daher wurden mit ihm auch diverse Philosophen
erörtert.

Wilhelm entwickelte über Lektüre und Diskurs
einen ungeheuren Wissensdurst
und fand über Platon, Hegel und Morgenstern
endlich zu des Pudels Kern.

Was ihn dergestalt erhellte,
dass er fortan nur noch den Mond anbellte.

Terrier Dustin

Terrier Dustin besuchte eine Schule für Hunde,
die in der Hansestadt Bremen
vermittelt Bildung und Benehmen
vom frühen Morgen bis zur Abendstunde.

Sein Bellen klang alsbald sehr akzentuiert,
deshalb wurde er schnell in den Hundechor integriert.
Doch legte man in der feinen Stadt Bremen
auch bei Hunden größten Wert auf das Benehmen.

Schnell erkannte der Lehrer Dustins heißen Sporn;
und funkte seinem Frauchen sofort SOS:
„Hilfe, Ihr Hund hat leider Hunde-ADHS!
Ist aggressiv und rast in seinem Zorn."

Als Dustin gar seinen Lehrer biss,
ein Kaninchen riss, Schulbücher zerfetzte
und andere Hunde durch die Klasse hetzte,
war das Maß voll. Woraufhin man ihn aus der
Schule schmiss.

Doch Dustins Frauchen erreichte auch eine
frohe Kunde:
Es gibt in Bremen sogar eine Förderschule für Hunde

Der studierte Floh

Als Floh Franz damals noch sehr klein,
richtete er sich häuslich bei einem Studiosus ein.
Dieser besuchte die katholische Fakultät.
Moraltheologie war seine Wissensspezialität.

So studierte als Gaststudent auch Franz,
und angestrahlt vom philosophischen Glanz
eines Platon, Augustin und Balthasar Gracian
eröffnete sich für Franz die universitäre Laufbahn.

Auch in der Nacht nährte er sich vom akademischen
Blut.
Der folgende Juckreiz nährte des Studiosus
sexuelle Glut.
Franz hingegen wuchs auf mit breiter, studierter
Brust.
Das höhere Streben steigerte noch seine Lebenslust.

Des Studenten Juckreiz verführten ihn schnell
zu vermehrten Besuchen in einem Bordell.
Franzens Laufbahn in der Moraltheologie
endete hingegen (ganz profan) in der Dermatologie.

Der bissige Hase

„Hase beißt Hobby-Jäger",
schrieb das Tageblatt am 24. Mai.
Da mach ich mir Gedanken. Auch ich bin so frei:
Das Ganze geschah im tiefen Gras,
dort, wo der Hase eigentlich immer saß –
in der Nähe der Stadt Celle.
Der Hase saß dort an des dritten Lebensabschnitts
Schwelle.
Es trat ihn gewissermaßen mitten in die Midlife-Krise
des Jägers Schuh auf dieser Wiese,
in den er sich sodann verbiss.
Dass er den Mann nicht auch noch riss,
war sein Glück. Doch dessen sei gewiss:

Willst du zur Hobbyjagd auf Kleingetier,
meide diese Wiese. Sie ist des Hasen Jagdrevier.

Wildschweinejagd

Den Bauern rühmt man für den Fleiß,
er züchtet Gerste, Raps und Mais.
Das lockt auch den Eber samt der wilden Sau,
„denn da ist Nahrung", denkt er schlau.

Im Maisfeld lebt er jetzt in Saus und Braus.
Der Bauer schreit: „Oh Schreck, Oh Graus"!
Verwüstet ist das halbe Feld,
der brave Mann bangt um sein Geld.

Er droht: „Ihr kriegt noch Euren Lohn",
telefoniert dann mit dem Jäger schon.
Der Jäger flucht „verdammter Scheibenkleister",
trinkt dann noch ein paar Jägermeister.

Hat er genug von diesem Feuerwasser
Wird er zwar zum Wildschweinehasser,
doch sieht er doppelt, grau in grau,
nimmt´s mit dem Zielen nicht genau.

Zwölf Schuss gehen allesamt daneben,
die Schweine flüchten, bleiben leben.
Sie flüchten ziellos, ohne Rast,
bis dann ein Auto sie erfasst.

Autofahrer, so wird gesagt
Sind erfolgreich bei der Wildschweinejagd.
Den Rest müsst Ihn nun selbst erraten:
Wer erhält die Prämie, hat den Schaden?

Bär und Hase

Durch den Wald trottet Petz, der Bär.
Doch der Hunger schmerzt ihn sehr.
Da wittert seine feine Nase
die Fährte Karls, das ist ein Hase.
Petz weiß, er kann ihn nicht erjagen,
flink die Hasen schlagen Haken.
Die Jagd brächte also kein' Gewinn –
es sei, dass er eine List ersinn'.
Also schmiedet er den Plan,
trifft den Hasen, spricht ihn an:
„Du Schwuchtel, Feigling, Mümmelmann!
Nimm diesen Fehdehandschuh auf!
Sonst schützt dich nur ein schneller Lauf."
Der Angriff auf des Hasen Ehre
will, dass dieser sich (vergeblich) wehre.
Um ihn weiter noch zu bluffen,
überlässt er ihm die Wahl der Waffen.
Karl antwortet stolz wie Karl der Große:
„Petz, ich hol dich aus der Hose …
einen Wettlauf will ich zum Duell."
Sagt's noch und verschwindet schnell.

Das Beispiel zeigt, dass klug der Has
und weis wie einst Pythagoras.
Meist geht es gar nicht um die Ehre.
Frag: „Verlier ich's Fell, wenn ich mich wehre?"

Plädoyer des Kaninchens im Rachen des Wolfes

Ein Kaninchen geriet in des Wolfes Schlund;
tat hilflos zappelnd ihm dann kund:

„Euer Ehren,
einen letzten Wunsch werdet Ihr mir nicht verwehren.
Es war schon immer mein Begehren,
Euch zu begrüßen als mein Ehrengast.
Gut, so habt Ihr mich gefasst -.
doch bin ich als Speise wenig erbaulich - ,
denn Fleisch ist wie Ihr wisst,
nur sehr, sehr schwer verdaulich.
Doch folgt mir nur an meinem Tisch,
so biete ich Euch knackig und frisch:
Die köstlichsten Karotten,
Kopfsalate und Schalotten,
Zuckererbsen, Basmatireis,
Artischocken, goldenen Mais
...und zum Dessert sogar noch Pflaumen."

„Hmh, Du kitzelst meinen Gaumen",
sprach der Wolf.
Dann verschlang er das Kaninchen in aller Kürze
und lobte er hernach des Fleisches feine Würze.

Zwei Fliegen

Zwei Fliegen gerieten in ihrer Urlaubszeit
in heftigen Streit,
welches das Ziel ihrer Reise sei. In jedem Fall
Flandern:
Dort wollte die eine hoch über Brügge wandern –
die andere bevorzugte ein Gasthaus in Gent,
da man die Pasteten bestens kennt.

(Ihr Streit kostete zu viel Zeit.)
Sie kamen nur bis Karben,
wo die Eintagsfliegen starben.

Lama-Drama

Ein Dromedar aus dem reichen Bahrain
zog in das Tiergehege ein.
Dort traf es ein Lama aus Peru,
das fragte gleich: „Wer bist denn du?"
Das Dromedar belesen war
und daher kannte seinen Brehm,
erwiderte: „Angenehm,
ich stelle zwar
Verwandtschaft dritten Grades dar,
bin jedoch im Vergleich zu dir
ein sehr viel vornehmeres Tier."

Da biss das Lama in seinen mondänen Po,
und so begann im Opel-Zoo
ein Drama
zwischen Dromedar und Lama.

Strauß –Wirtschaft

In die Straußwirtschaft kommen gern`
Gäste rein von Nah und Fern;
Aber auch von Fern und Nah,
sogar ein Strauß aus Afrika.

Denn wie auf dem Schild zu lesen war,
wäre er hier selbst der Star
und es gäb´ ein gastlich Haus
eigens für den Vogel Strauß.

Ihm deucht, er könne Mango essen
und noch andere Delikatessen.
- Dazu ein leckerer Kokossaft
Verliehe ihm gleich neue Kraft.

Doch kaum war er zur Stube rein,
goss man ihm ein den reinen Wein.
Dazu gabs´ auch noch Spundekäs.
Mann, da wurd´ er erst richtig bös.

„Frau Wirtin" schimpft der Vogel Strauß,
„Ihr Haus das ist ein großer Graus,
und der Wirt hier, dieser Fiesling,
gönnt selbst einem Strauß nur Riesling!"

Doch auch in diesem gastlich Haus
Wird ausgefochten mancher Strauß.
Die Wirtin erteilte dem Exot,
am Schluss sogar Lokalverbot.

Der Hamster

Ein Hamster fühlte sich zu klein,
blickte dann tief in sich hinein,
entdeckte dort den Tiger,
schon wähnte er sich als Sieger.

Er pinselte Tigerstreifen schnell
in das flausch'ge Hamsterfell.
Sah dann aber mit Verdruss,
dass mehr Kraft ein Tiger haben muss.

Er verwandelte die Hamsterstube
flugs in eine „Muckibude".
Seitdem er schritt zu dieser Tat,
dreht er sich noch im Hamsterrad.

So geht es vielen kleinen Tieren,
die zu Tigern woll´n mutieren.

Fuchs mit Schuhtick

Mit Blick auf ein besonderes Tier.
titelte dies der Volksfreund aus Trier.

Und so kann auch ich beschwören,
es betraf Bewohner in und um Föhren.

Als sie ihre Häuser hatten verlassen,
standen noch Schuhe auf den Terrassen.

Ein schlauer Fuchs stahl sie im Nu,
wie die Kripo ermittelte fehlten 120 Schuh.

Die schleppte er flugs in seinen Bau,
zur Freude der Kinder und wohl auch der Frau.

Doch wissen wir nicht genau, wollte der Rote
nur etwas Eleganz um die Pfote?

Hatte er einen Fetisch oder nur ne Manie?
Die ganze Wahrheit erfahren wir nie.

Und so bleibt uns wieder nur die Spekulation:
Der Fuchs war Frau Marcos - deren Reinkarnation.

Zikadentournee
(Im Widerspruch zu einer Idee von La Fontaine)

Eine Zikade aus Griechenland
im Heimatort Tristesse empfand;
da sie sich als Musikant
und Künstler fühlt' verkannt,
ergab sie sich dem fernen Weh
und reist' nach Deutschland auf Tournee.
Schnell fand sie in Rüdesheim Verwandte,
Grillen -Neffen, -Onkel, -Tante,
die dort, wo fließt der Vater Rhein,
so leben in den Tag hinein.
Hier gab die Griechin ein Konzert –
das schon war die Reise wert
und für die Grillen schön und labend
wie noch nie an einem Sommerabend.

Seit dem Besuch von ihrer Base
tanzen die Grillen in Rüdesheim Sirtaki auf der
Straße.

Witwe Flause und die Katzen

Gemütlich ist es im eignen Hause,
nur Alleinsein fürchtet Witwe Flause.
Doch werden aus Eins schnell Viere,
hat man noch drei Katzentiere.

Da sitzt man auf dem Kanapee,
geniest noch einen Abendtee.
Auf dem Bauch schnurrt Kater Paul,
warm und wohlig und sehr faul.

Doch eines Tages kam ein Gesuch,
„freue mich auf den Besuch,
Herzlichst Deine Cousine"!
Frau Flause liests´mit froher Miene.

Schneidet im Garten rote Rosen,
füllt den Fressnapf mit acht Dosen,
sagt den Katzen dann „Ade,
dass ich Euch bald Wiederseh".

Doch nach zwei Tagen dann zurück,
kamen Zweifel am Familienglück.
Mäuse tanzten auf dem Frühstückstisch,
der Kot und Unrat noch ganz frisch.

Und Maunz und Miez und Kater Paul,
die lagen da, sehr satt und faul.
Der Mäusezirkus hatte nicht gestört,
doch Frau Flause war jetzt sehr empört.

Laut vernehmlich war ihr Klagen
„soll ich die Mäuse denn selber jagen?
Euer Leben war hier sehr angenehm,
doch zu viel Wohlstand macht bequem."

Frau Flause wurde rot vor Zorn,
blies kräftig in Dianas Horn.
„Um Euren Jagdtrieb zu regenerieren,
werde ich das Futter rationieren."

Vor dem Fressen kommt stets der Fleiß,
statt Ragout gab es nur noch Reis.
Statt Katzenmilch und Bachforelle,
ein Schälchen Wasser aus der Quelle.

Die Katzen waren sehr bald bewegt,
vom scharfen Hunger angeregt,
versuchten sie des Weidmanns Glück,
kamen mit Singvögeln dann zurück.

Und eines Nachts, man konnts erwarten,
vergaß Frau Flause ihren Sonntagsbraten.
Mann, das war das ein Katzenfest,
die Mäuse fraßen noch den Rest.

Doch da Frau Flause nicht so stur,
beließ sie die tierische Natur
auf sich beruhn, Katzen, Mäuse alle -
und kaufte eine Mausefalle.

Eichhorn

In der Presse stehen keine Sagen.
Als ich las „Eichhörnchen fiel Kind an",
stellten sich folgende Fragen:
Was trieb das Tier zu dieser Misshandlung?
War etwa ein tiefer Schmerz
In seinem Herz
Oder in seinem Fuß ein Dorn?
Traf es vielleicht eine Missachtung
Oder trieb es die Gier in den Zorn?

In jedem Falle bleibt uns diese Lehre:
Achte auch des kleinen Tieres Ehre –
Und nenne es nicht mehr Eichhörnchen,
      …sondern Eichhorn.

Die Liebe zur See-Elefantin

Es zog einmal ein Elefant
ganz einsam und sehr grau
durch Afrika zum Meeresstand
und suchte eine Frau.

Er blickte dort sehr sehnsuchtsvoll
hinaus auf das weite Meer,
das Herz in ihm recht kummervoll
und schmerzte ihn so sehr.

Da tauchte die See-Elefantin auf
Wie die Jungfrau aus dem See,
wendete des Schicksalslauf,
der Liebe Wohl und Weh.

Er bat die Dame um ihre Hand
und versprach ihr ewige Treue.
Sie küsste ihn kurz am Meeresstrand
und sprach, dass sie sich freue.

Doch da man die Elemente kennt,
bleibt die Geschichte recht lakonisch.
Weil Land und Wasser sie nun mal trennt,
blieb ihre Liebe rein platonisch.

Alterssex

Was ich berichte, ist keineswegs erstunken und
erlogen,
denn die Lust macht auch ums Alter keinen Bogen:
Krefeld, der 5.Oktober 2012, Vierzehnuhrzehn,
war folgendes geschehn:
(Augenzeugen: Hannah, Gudrun, Jürgen und
eine unbekannte Frau.)
Bernhard, 100 Jahre alt, selbst in Krefeld ohne
Tuch und Seide
bestieg die achtzigjährige Elly, die auch ganz
ohne Geschmeide
war. Bernhard stöhnte bei jedem Stoß zwar
auf wie ein Bandoneon aus dem 19. Jahrhundert,
war aber unermüdlich.
Also, Literaten über siebzig,
die ihr über zarte Regungen im Alter schreibt,
habt acht!
Da sind über dreihundert Kilo aufeinander gekracht
und hundertachtzig Jahre ohne zu zerschellen,
bei den Schildkröten von den Seychellen.
Erst einmal nachmachen!

Die Meerschweinchen

Zwei Schweinchen, die aus Lübeck kamen,
besannen sich auf ihre Herkunftsnamen.
Sie sehnten sich so sehr
nach Sonne, Strand und Meer.

Sie brachen auf, die kleinen Schweinchen
liefen auf ihren kleinen Beinchen
über die Timmendorfer Chaussee
zum Sandstrand der Ostsee.

Das Glück leuchtete dort in allen Farben,
bis sie im kalten Winter leider verstarben.

Der Frosch und das Nilpferd

Der Frosch, ein Dandy und Galan,
   machte alle Frauen an.

„Sehr entzückt, verehrtes Reh,
   küsse ergebenst Ihren Zeh."

Doch ob Reh, ob Füchsin, wilde Sau,
   der Frosch der liebte jede Frau.

Einst, es war am fernen Fluss,
   traf er Frau Hipopodamus.

...Ich mein sogar, es war am Nil,
   da er der Hipopodama verfiel.

Kaum hatte er sie gesehn´,
   schon war es um ihn geschehn´.

Die Liebe hatte ihn ermannt,
   Lichterloh ward er entbrannt.

Zwar schien er ihr zunächst sehr schmächtig,
   doch die Liebe bläht ja mächtig.

Und so kam am fernen Fluss
   Das was einmal kommen muss.

Hell hörte er voll Freuden
Und laut die Hochzeitsglocken läuten.

Und tolldreist er es sogleich gewagt
und sie um Ihre Hand gefragt.

Die Nilpferddame, sehr erfreut,
Antwortete: „Ja,... am liebsten heut."

Und er gab am fernen Fluss,
ihr erst mal nen´ Verlobungskuss.

Von ihrem Liebesrausch die Erde bebte.
Was unser Frosch nicht überlebte.

Und so war am fernen Fluss
Auch mit dem Liebesleben Schluss.

Und was sagt Dir dies Gedicht?
Prüf auch vor der Liebe ihr Gewicht.

Ludewig der Kater

Prinzessin Adelheid von Bingen
erhielt als Geschenk von ihrem Vater
Ludewig, den edlen Kater,
und liebte ihn vor allen Dingen.

Da die Prinzessin schön und teuer,
kamen zum Schloss schon viele Freier,
die sie zum königlichen Verdruss
leider abweisen muss.

Im Dezember war's, es fiel schon Schnee,
da erschien ihr eine holde Fee.
Die spricht: „Sei nicht traurig, einerlei,
einen Wunsch geb ich dir frei."

Adelheid sagt': „Hab ich die Wahl,
will ich Ludewig zum Prinzgemahl."
Sterne funkeln, „plinz, plinz, plinz",
vor ihr stand Ludewig, ein schöner Prinz.

Der sprach: „Liebste, so sehr du dich jetzt
auch freust,
diesen Schritt du bald bereust.
Denn einst erging es mir wie so vielen Tieren,
die ihr Menschen lasst kastrieren."

Nachtrag

Doch umgekehrt, wie ich es seh`:
erschiene heute eine Fee –
so manche Frau würde gar nicht lang verhandeln,
könnte sie ihren Ehemann verwandeln.
Den Gatten, den gar nicht mehr so netten,
in einen Kater – sei es einen noch so fetten.
Und käm´ er schnurrend dann daher auf allen Vieren,
faucht sie: Halts Maul, ich lass dich sonst kastrieren!